# O CASO DOS EXPLORADORES DE CAVERNAS

Lon L. Fuller

# O CASO DOS EXPLORA- DORES DE CAVERNAS

Tradução
**ARTUR PADOVAN**

Introdução
**JOSÉ ROBERTO DE CASTRO NEVES**

**EDITORA
NOVA
FRONTEIRA**

Título original: *The Case of the Speluncean Explorers*

Republicação, com permissão da Harvard Law Review Association, de "The Case of the Speluncean Explorers", Lon L. Fuller, em *Harvard Law Review*, vol. 62, n.º 4, fevereiro de 1949.

Direitos de edição da obra em língua portuguesa no Brasil adquiridos pela Editora Nova Fronteira Participações S.A. Todos os direitos reservados. Nenhuma parte desta obra pode ser apropriada e estocada em sistema de banco de dados ou processo similar, em qualquer forma ou meio, seja eletrônico, de fotocópia, gravação etc., sem a permissão do detentor do copirraite.

Editora Nova Fronteira Participações S.A.
Rua Candelária, 60 — 7º andar — Centro — 20091-020
Rio de Janeiro — RJ — Brasil
Tel.: (21) 3882-8200

CIP-BRASIL. CATALOGAÇÃO NA PUBLICAÇÃO
SINDICATO NACIONAL DOS EDITORES DE LIVROS, RJ
F974c

---

Fuller, Lon L.
    O caso dos exploradores de cavernas / Lon L. Fuller; tradução Artur Padovan. - 1. ed. - Rio de Janeiro: Nova Fronteira, 2020.
    128 p.; 21 cm.    (Cícero)

    Tradução de: The case of the speluncean explorers
    ISBN 9788520937433

    1. Ficção americana. I. Padovan, Artur. II. Título. III. Série.

| | |
|---|---|
| 19-61700 | CDD: 813 |
| | CDU: 82-3(73) |

---

Meri Gleice Rodrigues de Souza - Bibliotecária CRB-7/6439

# Sumário

Uma introdução a *O caso dos exploradores de cavernas*   7

*O caso dos exploradores de cavernas* de Lon L. Fuller   21

Voto do Presidente Truepenny   25

Voto do Juiz Foster   37

Voto do Juiz Tatting   57

Voto do Juiz Keen   75

Voto do Juiz Handy    93

Voto do Juiz Tatting    117

Epílogo    121

# Uma introdução a
## *O caso dos exploradores de cavernas*

Desde o seu lançamento, em 1949, na Revista de Direito da Universidade de Harvard, *O caso dos exploradores de cavernas* — *The Case of the Speluncean Explorers* no original — foi um enorme sucesso, notadamente entre aqueles que iniciavam o curso jurídico, mas também para todos os que se interessavam por uma história bem contada.

Seu autor, o harvardiano professor de Filosofia do Direito Lon Luvois Fuller (1902-1978), foi um grande pensador, conhecido crítico do positivismo legal e adepto de uma visão do Direito apegada a valores morais — seu trabalho mais famoso é exatamente *A moralidade da lei*, de 1964. Entre outros motivos, Fuller ganhou notoriedade pelo acirrado debate que travou, em 1958, com outro grande jurista, H.L.A. Hart, também publicado na Revista de Direito da Universidade de Harvard. No confronto intelectual, Hart defendeu uma linha positivista, separando o Direito da moral, enquanto Fuller entendia que isso não seria possível, na medida em que a moral constituía a própria fonte e justificativa da força do direito.

Embora uma obra atemporal, *O caso dos exploradores de cavernas* não pode ser visto fora de um contexto. Em 1949, ano da publicação do ensaio, o mundo ainda não havia superado a Segunda Grande Guerra. A Alemanha, com seu sofisticado sistema jurídico e seus talentosos juristas, permitira os horrores do holocausto. O Direito havia falhado. Era necessário promover a reconstrução do modelo jurídico.

Lon Fuller, americano de origem judaica, queria incutir em seus alunos um senso crítico ao Direito. Como um bom professor, Fuller estava mais preocupado em fazer seus alunos pensarem do que propriamente convencê-los de seu ponto de vista. Em vez de simplesmente enunciar as diversas formas de compreender o fenômeno jurídico, Fuller imaginou uma forma diferente — e instigante — de explicar a dimensão das distintas acepções do Direito: ele contou a história de um julgamento e de como cada um dos cinco juízes, cada qual com suas convicções, se manifestou.

O caso fictício se passa em um futuro distante — o ano de 4300 não é um acaso. Ele se encontra a aproximadamente 2.400 anos para a frente da data em que a obra foi escrita. Os mesmos 2.400 anos para trás separavam o autor do mundo clássico grego, o berço da civilização ocidental. Também há referência, pelos julgadores, de que se trata de um mundo reconstruído, tal qual ocorria em 1949, quando a civilização ainda buscava se reestruturar após o fim da Segunda Grande Guerra.

Como narra o juiz relator do caso, cinco homens ficaram presos em uma caverna, por conta de um deslizamento que bloqueou a sua entrada.

Em poucos dias, os suprimentos acabaram. Já não havia comida ou água. No vigésimo dia de confinamento, consegue-se estabelecer, por meio de um rádio, contato com os exploradores. Eles são informados de que, não obstante os gigantescos esforços para libertá-los (que, inclusive, haviam consumido grande soma de dinheiro e ocasionado a morte de dez operários), seriam necessários, no mínimo, ainda outros dez dias de trabalho até que fosse desobstruída a entrada da gruta. Diante desse cenário, os médicos, consultados por rádio, esclareceram que os exploradores da caverna estavam condenados a morrer de inanição. Um dos confinados, Roger Whetmore, indaga aos médicos se haveria chance de ao menos quatro deles sobreviverem caso um se sacrificasse para alimentar os demais. Embora relutantes, os médicos confirmaram que essa seria a única chance de resistir. Em seguida, perdeu-se o contato pelo rádio. Ao abrir o acesso à caverna, dias depois, encontram-se quatro exploradores vivos. O quinto, Roger Whetmore, fora morto pelos demais, que, em seguida, o devoraram. O canibalismo foi fundamental para que todo o grupo não morresse.

Como se apurou, no momento em que os cinco exploradores perceberam que não haveria chance de sobreviver, salvo se um deles se sacrificasse, convencionaram promover um sorteio para apontar qual deles deveria morrer para que os demais tivessem a oportunidade de viver. O próprio Roger Whetmore indicara que essa escolha fosse feita por um jogo de dados. Contudo, Whetmore, no meio do processo de sorteio, pretende abandonar o combinado. Os demais não aceitam a postura do companheiro de expedição. Whetmore acaba sorteado e, como se disse, é morto e devorado.

Os quatro sobreviventes são levados a julgamento perante a fictícia corte de Newgarth. Cinco juízes proferem seus votos: Truepenny, Foster, Tatting, Keen e Handy. Cada julgador apresenta um voto consistente, cada qual com um fundamento distinto. Uns condenam, outros absolvem; um quinto, também por motivos respeitáveis, se abstém de proferir seu veredicto. O leitor toma ciência da sólida fundamentação dos juízes em seus votos, nos quais expressam suas convicções de forma racional.

Eis o grande objetivo da notável obra *O caso dos exploradores de cavernas*: os mesmos fatos aceitam interpretações diversas. As normas admitem diferentes leituras. Bons e honestos juízes podem chegar a conclusões distintas sobre a mesma situação, com base nas mesmas leis.

Como fica claro em *O caso dos exploradores de cavernas*, a força da interpretação reside na coerência dos conceitos adotados. Na obra, cada um dos juízes perfilha uma conhecida corrente de aplicação do Direito.

O primeiro julgador, Truepenny — uma tradução desse nome para português poderia ser "verdadeira moeda" —, reconhece que a lei condena à morte quem matar e, diante disso, condena os réus.

Contudo, sugere que, pelas circunstâncias, seja oferecida clemência aos exploradores sobreviventes, o que apenas poderia ser feito pelo chefe do Executivo estadual. O segundo, Foster — em português, "fomentar" —, defende a aplicação do direito natural ao caso, excepcionando a literalidade da regra legal, a fim de absolver os exploradores. Foster trata de um tema fundamental na interpretação jurídica: a letra da norma *versus* o seu espírito. O terceiro juiz, Tatting — palavra que pode ser traduzida por "esfarrapar" —, tenta separar a emoção do racional, mas acaba, em uma linha sentimental, por entender que não tem condições de julgar. Keen — "arguto" em português — afasta qualquer aspecto moral de seu julgamento, valendo-se apenas do comando da lei. No caso, a lei condena à morte quem matar; filiando-se à corrente positivista, condena os réus. Por fim, o juiz Handy — "prático" — leva em consideração o senso comum e a opinião pública para julgar de forma favorável os exploradores.

A escolha de interpretação por um prisma — da equidade, do direito natural, do sentimentalismo, do positivismo, do realismo, entre tantas outras formas de aplicar o fenômeno jurídico — é o primeiro — e talvez o maior — desafio do jurista. Tanto em 1949, quando foi publicado *O caso dos exploradores de cavernas*, como em nossos dias, encontrar a correta interpretação das regras para a melhor aplicação do Direito continua sendo a grande fonte de inquietude e, ao mesmo tempo, de estímulo aos advogados, juízes e quem mais se dedicar ao mundo jurídico.

O *Digesto* — obra que compila as lições clássicas do Direito Romano — registra um fundamental conceito de interpretação: *Non ex regula ius sumatur, sed ex iure quod est regula fiat*,[1] ou seja, da regra não se extrai o Direito; ao contrário, a essência do Direito é que cria a regra. Com efeito, o Direito

---

1 *Les Cinquante livres du Digeste ou Des Pandectes*, Tome Septième, Paris, A Metz Imprimeurs-Librairies, 1805, p. 647.

precede à regra, que deve ser lida, compreendida e inserida em um sistema. Do contrário, as regras perderiam a sua consistência e estabilidade. O ordenamento jurídico possui grandes vetores, que orientam a interpretação das normas. Assim, a aplicação das regras demanda o conhecimento orgânico.

Como resta claro em *O caso dos exploradores de cavernas*, há inúmeros modelos de percepção do fenômeno jurídico, que se originam de opções ideológicas respeitáveis. A construção dessas interpretações parte de premissas e escolhas: é correto prestigiar a segurança jurídica acima de tudo? O juiz deve estar sempre atento aos efeitos sociais de sua decisão? Há regras da nossa natureza que preponderam diante das regras feitas pelo homem? Quando se reconhecer uma injustiça, a lei deve ceder? A clemência é a porta para a arbitrariedade? Esses questionamentos não têm fim. As respostas a essas e a tantas outras indagações moldam as convicções que determinam a orientação adotada.

*O caso dos exploradores de cavernas* demonstra que não há, intrinsecamente, uma melhor forma de se interpretar as leis. Vê-se que há diversos prismas, respeitáveis e honestos, de ler as normas. Para que qualquer dessas posições faça sentido, elas devem guardar coerência, porque, apenas dessa forma, o sistema se solidifica — e se encontrará um seguro ordenamento jurídico, em vez de leis cadentes sem comunicação entre si.

Assim como a linguagem, o Direito não surgiu como um presente divino, porém decorreu de lenta e contínua construção humana. O aplicador do Direito é um operário dessa obra e, nessa condição, tem enormes responsabilidades. Em *O caso dos exploradores de cavernas*, o voto de cada um dos juízes — carregando consigo os valores e as convicções de seus prolatores — tinha o peso da vida de quatro seres humanos. Os ideais, que animam a interpretação, têm consequências. O Direito não foi concebido para tratar de hipóteses: o Direito cuida da vida prática.

UMA INTRODUÇÃO

As crenças do aplicador e intérprete da norma, portanto, têm efeitos concretos para a sociedade.

O iniciante no estudo jurídico, ao ser exposto a *O caso dos exploradores de cavernas*, percebe, perplexo, a instigante complexidade da aplicação do Direito. Um estímulo que se colhe dessa obra: que mundo enorme a explorar, com tamanhas inteligências; a interpretação do Direito não comporta confinamentos. Ao contrário, ela deve ser regada de criatividade, de sensibilidade, de reflexão e de muito estudo. Uma advertência: esse vasto mundo se sustenta apenas nas firmezas ideológicas, em um sistema cuja fragilidade ou força repousa na firmeza das convicções e no domínio da dogmática jurídica. Para aplicar o Direito, precisa-se respeitá-lo, conhecê-lo e, até mesmo, amá-lo. *O caso dos exploradores de cavernas* tem o enorme mérito de incutir no leitor a certeza de que o estudo do Direito é interessantíssimo e essencial.

Se os juízes de *O caso dos exploradores de cavernas* acertaram ou erraram nos seus votos, esse parece ser, ao fim da deliciosa leitura, um questionamento menor. O importante é a construção de suas conclusões e os argumentos adotados. A força da posição de cada um deles se encontra na coerência e no peso do valor social que eles protegem, o que só é possível fazer com o domínio da ciência jurídica. Pela interpretação das regras legais, cada um dos juízes — e quem mais se valha do Direito — tem condições de promover o bom e o justo. Conhecer o Direito, portanto, é um caminho para construir uma sociedade melhor.

José Roberto de Castro Neves

Advogado, doutor em Direito Civil pela Universidade do Estado do Rio de Janeiro (UERJ), mestre em Direito pela Universidade de Cambridge (Inglaterra) e professor de Direito Civil da Pontifícia Universidade Católica (PUC-Rio) e da Fundação Getúlio Vargas (FGV-Rio).

*O CASO DOS EXPLORADORES DE CAVERNAS*
DE LON L. FULLER

Suprema Corte de Newgarth, 4300

Os réus, havendo sido indiciados por crime de homicídio, foram condenados e sentenciados à morte por enforcamento pelo Tribunal do Condado de Stowfield. Apresentam um recurso de revisão de sentença perante esta Corte. Os fatos estão enunciados de maneira suficiente no voto do Presidente do Tribunal.

# Voto do Presidente Truepenny

Os quatro réus são membros da *Sociedade Espeluncológica*, uma organização amadora de exploradores de cavernas. No início de maio de 4299, eles, em companhia de Roger Whetmore, então também membro da Sociedade, adentraram a galeria de uma caverna calcária do tipo que se encontra no Platô Central desta Commonwealth. Enquanto estavam num local afastado da entrada da caverna, ocorreu um deslizamento. Pedras maciças caíram, bloqueando completamente a única abertura conhecida da caverna. Quando os homens constataram o seu apuro, puseram-se perto da entrada obstruída a esperar até que uma equipe de resgate viesse remover os detritos que os impediam de deixar a sua prisão subterrânea. Após Whetmore e os réus falharem em retornar a suas casas, a secretaria da Sociedade foi notificada por suas famílias. Aparentemente, os exploradores tinham deixado indicações na central da Sociedade a respeito da localização da caverna que pretendiam explorar. Uma equipe de resgate foi rapidamente enviada ao local.

A tarefa de resgate provou ser de extrema dificuldade. Foi necessário suplementar as forças da equipe original com sucessivos acréscimos de pessoal e maquinaria, os quais deviam ser transportados a um alto custo até a área remota e isolada em que se localizava a caverna. Um enorme acampamento temporário de trabalhadores, engenheiros, geólogos e outros especialistas foi montado. A obra de remoção da obstrução foi frustrada diversas vezes por novos deslizamentos. Num desses deslizamentos, dez dos homens envolvidos na desobstrução da entrada foram mortos. Os fundos da *Sociedade Espeluncológica* logo se esvaíram nos esforços de resgate, e uma soma de oitocentos mil *frelars*, arrecadada em parte por meio de contribuição popular e, em parte, por concessão legislativa, foi gasta antes que os homens presos fossem resgatados. Finalmente, obteve-se sucesso no trigésimo segundo dia depois de os homens terem entrado na caverna.

Sabendo-se que os exploradores haviam levado consigo uma quantidade escassa de provisões, e que tampouco havia qualquer substância animal ou vegetal na caverna com a qual pudessem se alimentar, desde o princípio houve ansiedade de que viessem a morrer de inanição antes que se conseguisse acesso a eles. No vigésimo dia do seu aprisionamento, ouviu-se falar pela primeira vez que haviam levado para a caverna um aparelho portátil e sem fio capaz de enviar e receber mensagens. Um aparelho semelhante foi imediatamente instalado no acampamento da equipe de resgate e estabeleceu-se comunicação oral com os desafortunados homens presos na montanha. Estes pediram que lhes informassem quanto tempo seria necessário para libertá-los. Os engenheiros encarregados do projeto responderam que pelo menos dez dias seriam necessários, ainda que não ocorressem mais deslizamentos. Os exploradores então perguntaram se havia médicos presentes, e foram postos em contato com um comitê de especialistas médicos. Os homens aprisionados descreveram a sua condição e as rações que haviam levado consigo, e pediram a opinião dos médicos sobre a probabilidade de conseguirem sobreviver por outros dez dias sem comida. O presidente do comitê médico disse-lhes que a possibilidade era remota. O aparelho sem fio de dentro da caverna, então, permaneceu silencioso por oito horas. Quando a comunicação foi restabelecida, os homens pediram para falar novamente com os médicos. O presidente do comitê dos médicos foi posto diante do aparato, e Whetmore, falando em nome de si mesmo e dos réus, perguntou se conseguiriam sobreviver dez dias a mais se consumissem a carne de um dos membros do grupo. O presidente do comitê respondeu relutantemente na afirmativa. Whetmore perguntou se seria aconselhável que eles tirassem a sorte para determinar qual deles seria comido. Nenhum dos médicos ali presentes estava disposto a responder a essa pergunta. Então Whetmore perguntou se havia na equipe um juiz ou outro oficial do governo presente que pudesse responder à questão. Nenhum dos vinculados ao acampamento da equipe estava disposto a assumir o papel de conselheiro nessa questão. Depois ele perguntou se algum ministro ou sacerdote responderia à sua pergunta, e não se achou quem o fizesse. Depois disso, não foram recebidas outras mensagens de dentro da caverna, e presumiu-se (erroneamente, como se verá) que as baterias elétricas dos aparelhos sem fio dos exploradores se tinham exaurido. Quando os homens aprisionados foram finalmente libertados, descobriu-se que, no vigésimo terceiro dia após sua entrada na caverna, Whetmore fora morto e comido por seus companheiros.

Pelo testemunho dos réus, que foi aceito pelo júri, fica aparente que fora Whetmore o primeiro a propor que eles poderiam encontrar o sustento sem o qual a vida é impossível na carne de um dos membros do grupo. Também fora Whetmore quem primeiro propôs o uso de algum método aleatório de decisão, chamando a atenção dos réus para um par de dados que trouxera consigo por acaso. A princípio, os réus relutaram em adotar um procedimento tão desesperado, mas, depois das conversas por aparelho sem fio relatadas anteriormente, eles enfim acederam ao plano proposto por Whetmore. Depois de longa discussão sobre os problemas matemáticos envolvidos, alcançou-se um acordo quanto ao método de determinação da questão por meio dos dados.

Antes de lançarem os dados, porém, Whetmore declarou que se retiraria do acordo, pois decidira esperar, após alguma reflexão, outra semana antes de abraçar um expediente tão medonho e odioso. Os outros o acusaram de má-fé e prosseguiram o lançamento dos dados. Quando chegou a vez de Whetmore, os dados foram lançados em seu nome por um dos réus, e lhe foi pedido que declarasse quaisquer objeções que tivesse à justiça da jogada. Ele afirmou que não tinha nenhuma objeção. A jogada foi-lhe adversa, e ele foi morto e comido por seus companheiros.

Resgatados os réus, e depois de completarem sua estadia num hospital em que receberam um longo tratamento para a inanição e para o choque, foram eles indiciados pelo assassinato de Roger Whetmore. No julgamento, depois de concluído o testemunho, o porta-voz do júri (advogado por profissão) inquiriu da Corte se o júri poderia emitir um veredicto especial, deixando para a Corte a tarefa de decidir se, de acordo com os fatos apresentados, os réus eram culpados. Após alguma deliberação, tanto o promotor quanto o consultor dos réus aceitaram tal procedimento, que foi adotado pela Corte. Num longo veredicto especial, o júri acolheu os fatos como eu os relatei antes e determinou, ademais, que se, de acordo com esses fatos, os réus fossem considerados culpados do crime de que são acusados, então eles declarariam os réus culpados. Com base nesse veredicto, o juiz de primeira instância decidiu que os réus eram culpados do assassinato de Roger Whetmore. O juiz, então, sentenciou-os à forca, não lhe permitindo a lei da nossa Commonwealth nenhuma discrição com respeito à pena a ser imposta. Depois de liberado o júri, seus membros entraram em comunicação com o Poder Executivo, pedindo que a sentença fosse comutada por uma prisão de seis meses. O juiz de primeira instância enviou uma comunicação similar ao Poder Executivo. Até o momento, nenhuma medida foi tomada com relação a esses apelos, visto que o Poder Executivo aparentemente está esperando a nossa disposição sobre este recurso.

## VOTO DO PRESIDENTE TRUEPENNY

Parece-me que, em seu tratamento deste caso extraordinário, tanto o júri como o juiz de primeira instância adotaram um procedimento não somente justo e sábio, como também o único que lhes era possível de acordo com a lei. A linguagem do nosso estatuto é bem conhecida: "Quem quer que tire a vida a outrem intencionalmente será punido com a morte" (N.C.S.A. [N.S.] §12-A). Esse estatuto não permite nenhuma excludente aplicável a esse caso, não obstante o quanto nossa empatia possa nos inclinar a abrir uma exceção para a situação trágica em que esses homens se encontravam.

Num caso como esse, o princípio do perdão do Executivo parece admiravelmente apropriado para mitigar os rigores da lei, e proponho aos meus colegas que sigamos o exemplo do júri e do juiz de primeira instância, unindo-nos às comunicações que estabeleceram com o Poder Executivo. Há fortes razões para crer que tais pedidos de perdão serão concedidos, sendo provenientes daqueles que estudaram o caso e tiveram a oportunidade de se familiarizar completamente com todas as suas circunstâncias. É altamente improvável que o Chefe do Executivo venha a negar esses recursos, a não ser que ele próprio se disponha a convocar audiências pelo menos tão completas quanto as desenvolvidas no julgamento a seguir, que duraram três meses. A convocação de tais audiências (que virtualmente equivaleria a um rejulgamento do caso) provar-se--ia pouco compatível com a função do Executivo como geralmente a concebemos. Penso que possamos, portanto, presumir que alguma forma de clemência será concedida a esses réus. Se isso for feito, a justiça será cumprida sem prejuízo quer à letra, quer ao espírito dos nossos estatutos, e sem oferecer nenhum incentivo à desobediência da lei.

# Voto do Juiz Foster

Estou chocado com o fato de que o Presidente do Tribunal, num esforço para escapar ao embaraço deste caso trágico, tenha adotado e proposto aos seus colegas um expediente ao mesmo tempo tão sórdido e tão óbvio. Creio que haja algo mais em julgamento neste caso do que o destino destes desafortunados exploradores, que é a lei da nossa Commonwealth. Se esta Corte declara que, sob a nossa lei, estes homens cometeram um crime, então a nossa lei é ela própria condenada no tribunal do senso comum, não obstante o que aconteça aos indivíduos envolvidos neste recurso. A afirmação de que a lei que defendemos e expomos nos impele a uma conclusão de que nos envergonhamos, e da qual só podemos escapar apelando a uma deliberação baseada unicamente num capricho pessoal do Executivo, parece-me equivalente a uma admissão de que a lei desta Commonwealth já não tem a pretensão de incorporar em si a justiça.

De minha parte, não acredito que a nossa lei imponha a conclusão monstruosa de que estes homens sejam assassinos. Creio, pelo contrário, que ela declare serem eles inocentes de qualquer crime. Baseio esta minha conclusão em dois argumentos, cada um dos quais seria, por si só, suficiente para justificar a absolvição destes réus.

O primeiro desses argumentos baseia-se numa premissa que pode ocasionar algum protesto até que seja analisada de maneira franca. Sou da opinião de que o direito promulgado, ou positivo, desta Commonwealth, incluindo todos os seus estatutos e precedentes, é inaplicável a este caso, e que o presente caso, muito pelo contrário, cai sob a jurisdição daquilo a que os autores antigos da Europa e da América chamaram "direito natural".

Tal conclusão apoia-se na proposição de que nosso direito positivo é baseado na possibilidade da coexistência dos homens em sociedade. Quando se apresenta uma situação em que a coexistência dos homens se faz impossível, cessa de existir uma das condições que subjazem a todos os nossos precedentes e estatutos. Quando tal condição desaparece, é minha opinião que a força do nosso direito positivo desaparece com ela. Não temos o costume de aplicar a máxima *cessante ratione legis, cessat et ipsa lex* [onde a razão da lei cessa, cessa também a própria lei] à totalidade do nosso direito promulgado, mas eu acredito que este seja um caso a que a máxima deva ser assim aplicada.

A proposição de que todo o direito positivo se baseia na possibilidade de coexistência dos homens soa estranha não porque a verdade que ela encerra seja estranha, mas simplesmente porque se trata de uma verdade tão óbvia e ubíqua, que raramente se dá uma ocasião de a expressarmos em palavras.

Como o ar que respiramos, ela perpassa todo o nosso ambiente de tal forma, que esquecemos que ela existe até nos vermos subitamente privados dela. Quaisquer que sejam os objetivos particulares buscados pelos diversos ramos do nosso Direito, torna-se aparente, após alguma reflexão, que todos eles se destinam à facilitação e à melhoria da coexistência dos homens e à regulamentação, com justiça e equidade, das relações de sua vida em comum. Quando a premissa de que os homens podem viver em harmonia se torna falsa, como obviamente foi o caso nesta situação extraordinária em que a vida se fazia possível somente por meio da morte alheia, todas as premissas básicas subjacentes a todo o nosso ordenamento legal perdem a sua força e significado.

Se os eventos trágicos deste caso tivessem ocorrido apenas uma milha além dos limites territoriais da nossa Commonwealth, ninguém suporia que as nossas leis lhe seriam aplicáveis. Reconhecemos que a jurisdição se apoia numa base territorial. As bases desse princípio não são, de forma alguma, óbvias e raramente são examinadas. Presumo que este princípio seja apoiado pela pressuposição de que impor um único ordenamento legal a um grupo de homens só será algo factível se eles viverem juntos dentro dos confins de um dado território da superfície da Terra. A premissa de que os homens tenderão a coexistir num grupo subjaz, assim, ao princípio territorial, como também a toda a lei. Ora, minha contenção é que um caso pode ser removido moralmente da esfera jurisdicional de um ordenamento legal, assim como o pode ser geograficamente. Se considerarmos os propósitos da lei e do governo, bem como as premissas subjacentes a nosso direito positivo, estes homens, quando tomaram a sua decisão fatídica, estavam tão removidos do nosso ordenamento legal quanto se estivessem a mil milhas de distância das nossas fronteiras. Até mesmo num sentido físico, sua prisão subterrânea estava separada de nossas cortes e oficiais de justiça por uma sólida cortina de rocha que só pôde ser removida depois dos mais extraordinários gastos de tempo e esforços.

Concluo, portanto, que, no momento em que a vida de Roger Whetmore foi tirada por estes réus, eles não estavam, para usar a linguagem peculiar dos autores oitocentistas, num "estado de sociedade civil", mas num "estado natural". A consequência disso é que a lei a eles aplicável não é aquela sancionada e estabelecida desta Commonwealth, mas sim a lei derivada dos princípios então mais apropriados à sua condição. Não hesito em dizer que, segundo tais princípios, eles são inocentes de qualquer crime.

O que estes homens fizeram estava consoante com um acordo aceito por todos eles e proposto primeiramente pelo próprio Whetmore. Visto que o seu apuro extraordinário tornava inaplicáveis os princípios que ordinariamente regulam as relações entre os homens, fez-se necessário que desenvolvessem, por assim dizer, um novo sistema de governo apropriado à situação em que se encontravam.

Reconhecia-se já desde a antiguidade que o princípio mais básico da lei ou governo se pode encontrar na noção de contrato ou acordo. Pensadores antigos, especialmente durante o período de 1600 a 1900, costumavam basear o próprio governo num pacto social original. Os céticos apontam que essa teoria contradiz os fatos históricos conhecidos e que não há evidências científicas que sustentem a noção de que algum governo tenha jamais sido fundado da maneira que dita teoria supõe. Os moralistas replicam que, se o pacto é uma ficção do ponto de vista histórico, a noção de pacto ou acordo fornece a única justificativa ética em que se possam basear os poderes governamentais, que incluem o de tirar a vida. Os poderes governamentais só podem ser moralmente justificados com base no fato de se tratar de poderes com que homens racionais concordariam e que seriam por eles aceitos, caso se deparassem com a necessidade de reconstruir alguma ordem que tornasse a sua vida em comum possível.

Felizmente, nossa Commonwealth não necessita ocupar-se das perplexidades que assediavam os antigos. Sabemos ser uma verdade histórica que o nosso governo foi fundado sobre um contrato ou acordo livre entre homens. A arqueologia prova conclusivamente que, no primeiro período que se seguiu à Grande Espiral, os sobreviventes daquele holocausto reuniram-se voluntariamente e desenvolveram um sistema de governo. Os autores sofistas levantam dúvidas sobre o poder daqueles contratantes remotos de obrigar as gerações futuras, mas permanece o fato de que o nosso governo traça as suas origens, por uma sucessão ininterrupta, até aquele pacto original.

Se, portanto, nossos algozes têm o poder de tirar a vida, se os nossos xerifes têm o poder de pôr inquilinos inadimplentes na rua, se a nossa polícia tem o poder de encarcerar o folião ébrio, esses poderes encontram sua justificativa moral naquele pacto original dos nossos ancestrais. Se não podemos encontrar nenhuma fonte mais elevada para o nosso ordenamento legal, que fonte mais elevada poderíamos esperar que estes famintos infelizes encontrassem para a ordem que adotaram para si?

Creio que a linha argumentativa que acabo de expor não permite uma resposta racional. Sei que este voto provavelmente será recebido com certo desconforto por muitos que o lerem, os quais se sentirão inclinados a suspeitar que algum sofisma oculto subjaza a uma demonstração que leva a tantas conclusões pouco familiares. A fonte de tal desconforto, porém, é fácil de identificar. As condições usuais da existência humana inclinam-nos a pensar na vida humana como um valor absoluto, que não se deve sacrificar sob nenhuma circunstância. Há muito de fictício nessa concepção, mesmo quando aplicada a relações corriqueiras da sociedade. Vemos uma ilustração dessa verdade no próprio caso que se nos apresenta. Dez homens morreram no processo de remover as pedras da abertura da caverna. Por acaso os engenheiros e oficiais do governo que dirigiram a operação de resgate não sabiam que as ações que empreendiam eram perigosas e envolviam sérios riscos às vidas dos trabalhadores que as executavam? Se era apropriado que essas dez vidas fossem sacrificadas para salvar as vidas de cinco exploradores aprisionados, por que, então, nos dizem que esses exploradores erraram ao executar um acordo que salvaria quatro vidas a custo de uma?

Toda rodovia, todo túnel, todo prédio que projetamos envolve riscos à vida humana. Considerando tais projetos em sua totalidade, podemos calcular com alguma precisão quantas mortes a construção de cada um requererá; os estatísticos podem precisar o custo médio em vidas humanas de cada mil milhas de rodovias de quatro pistas. No entanto, assumimos e pagamos, consciente e deliberadamente, esse custo, presumindo que os valores obtidos por aqueles que sobrevivem compensarão a perda. Se se podem dizer tais coisas de uma sociedade funcionando acima da terra e de maneira normal e ordinária, o que diremos do suposto valor absoluto da vida humana na situação desesperada em que esses réus e o seu companheiro Whetmore se encontravam?

Isso conclui a exposição do primeiro argumento em que se fundamenta a minha decisão. Meu segundo argumento procede da rejeição hipotética de todas as premissas em que me venho baseando até agora. Para propósitos de argumentação, concederei que eu esteja errado em dizer que a situação desses homens os removia dos efeitos da nossa lei positiva e assumirei que os Estatutos Consolidados tenham o poder de penetrar 500 pés de rocha e impor-se a esses homens famintos amontoados em sua prisão subterrânea.

Ora, é perfeitamente claro que esses homens realizaram um ato que viola o texto literal do estatuto. O texto declara que aquele que "tirar a vida a outrem intencionalmente" é um assassino. Mas uma das lições mais antigas da sabedoria legal é a máxima que diz que um homem pode infringir a letra da lei sem infringir a própria lei. Toda proposição do direito positivo, esteja ela contida num estatuto ou num precedente judicial, deve ser interpretada razoavelmente, à luz do seu propósito evidente. Essa é uma verdade tão elementar que sequer é necessário explaná-la. Ilustrações da sua aplicação são incontáveis e podem ser encontradas em todos os ramos do Direito. Em *Commonwealth v. Staymore*, o réu fora condenado por um estatuto que proibia estacionar um carro em certas zonas por um período mais longo do que duas horas. O réu tentara mover o seu carro, mas foi impedido de fazê--lo porque as ruas estavam obstruídas em virtude de uma manifestação política da qual ele não participara e que não tivera como prever. A sua condenação foi posta de lado por esta Corte, embora seu caso se encaixasse perfeitamente no texto do estatuto.

Novamente, em *Fehler v. Neegas*, havia perante esta Corte um estatuto em que a palavra "não" fora obviamente transposta da sua posição pretendida na seção final e mais crucial do artigo. Essa transposição constava em todas as redações sucessivas do artigo, tendo sido negligenciada por todos os redatores e propositores da legislação. Ninguém soube precisar como o erro ocorrera e, no entanto, era patente que, levando-se em conta o conteúdo do estatuto como um todo, se cometera um erro, já que uma leitura literal da cláusula final tornava o texto inconsistente com tudo o que viera antes e com o objetivo daquela sanção, conforme declarado em seu preâmbulo. Esta Corte recusou-se a aceitar uma interpretação literal do estatuto e, com efeito, retificou sua linguagem relendo a palavra "não" no lugar a que evidentemente pertencia.

O estatuto a nós apresentado para interpretação nunca foi aplicado literalmente. Séculos atrás, estabeleceu-se que um homicídio cometido em legítima defesa era permissível. Não há nada na linguagem do estatuto que sugira essa excludente. Houve já várias tentativas de reconciliação do tratamento legal da legítima defesa com as palavras do estatuto, mas, em minha opinião, trata-se tão somente de sofismas engenhosos. A verdade é que a excludente de ilicitude de legítima defesa não pode ser reconciliada com as *palavras* do estatuto, mas apenas com a sua *intenção*.

A verdadeira reconciliação da excludente de legítima defesa com o estatuto que define o assassinato como crime pode-se encontrar na seguinte linha de raciocínio. Um dos principais objetivos subentendidos de toda a legislação criminal é o de desencorajar o crime. Ora, é patente que, se se definisse por lei que um homicídio em legítima defesa constitui um homicídio comum, tal regra não poderia operar de maneira dissuasória. Um homem cuja vida é ameaçada repelirá o seu agressor, não obstante o que a lei diga. Considerando, pois, os propósitos gerais de uma legislação criminal, podemos dizer seguramente que este estatuto não foi feito para ser aplicado a casos de legítima defesa.

Quando a excludente de ilicitude de legítima defesa é assim explicada, torna-se óbvio que precisamente o mesmo raciocínio se deve aplicar ao caso em apreciação. Se no futuro outro grupo de indivíduos se encontrar no mesmo apuro trágico desses réus, podemos estar certos de que a sua decisão de viver ou morrer não será regulada pelo conteúdo do nosso código penal. Assim, se lermos este estatuto de forma inteligente, ficará claro que ele não se aplica a este caso. A remoção desta situação da esfera de efeito do estatuto é justificada exatamente pelas mesmas considerações aplicadas por nossos predecessores de cargo séculos atrás a casos de legítima defesa.

Há aqueles que levantam a objeção de usurpação judicial sempre que uma corte, após análise cuidadosa da intenção de um estatuto, atribui a suas palavras um significado não imediatamente aparente ao leitor casual, que não estudou o estatuto de perto nem examinou os objetivos que ele busca alcançar. Que fique bem claro e expresso enfaticamente que eu aceito sem reservas a proposição de que esta Corte está obrigada a todos os estatutos da nossa Commonwealth, e que exercita os seus poderes em subserviência à vontade devidamente expressa da Câmara dos Representantes. A linha de raciocínio que expus anteriormente não põe em questão o dever de fidelidade à lei positiva, conquanto possa levantar a questão da distinção entre fidelidade inteligente e não inteligente. Nenhum superior deseja um servo incapaz de ler nas entrelinhas. A funcionária mais intelectualmente limitada sabe que, se lhe é dito: "Descasque a sopa e peneire as batatas", sua patroa não quer dizer aquilo que disse. Ela também entende que, quando o patrão a manda "largar tudo e vir correndo," ele pode não estar considerando a possibilidade de que ela esteja, no momento, resgatando um bebê de dentro de um barril. Decerto, temos o direito de esperar o mesmo mínimo de inteligência do Judiciário. A correção de óbvios erros ou negligências legislativas não significa suplantar a vontade legislativa, mas sim efetivar tal vontade.

Concluo, portanto, que, sob qualquer aspecto segundo o qual este caso venha a ser considerado, esses réus são inocentes do crime de assassinato de Roger Whetmore, e que a sua condenação deve ser anulada.

# Voto do Juiz Tatting

No cumprimento dos meus deveres de juiz desta Corte, normalmente sou capaz de dissociar os aspectos emocionais de minhas reações dos seus aspectos intelectuais e de emitir uma sentença inteiramente de acordo com estes últimos. Ao julgar este caso trágico, constato uma falência de minhas capacidades habituais. No âmbito emocional, encontro-me dividido entre a empatia por estes homens e um sentimento de horror e repulsa ao ato monstruoso que cometeram. Eu esperava conseguir pôr de lado essas emoções contraditórias como irrelevantes e sentenciar com base numa demonstração lógica e convincente do resultado requerido pela nossa lei. Infelizmente, não se me concedeu tal livramento.

Ao analisar o voto há pouco proferido por meu confrade Foster, vejo-o crivado de contradições e falácias. Principiemos pela sua primeira proposição: estes homens não estavam sujeitos à nossa lei porque não estavam num "estado de sociedade civil", mas num "estado natural". Não vejo por que isso seria assim: se devido à espessura da rocha que os aprisionava, se devido à fome, se devido ao estabelecimento de um "novo sistema de governo", pelo qual as habituais regras de direito poderiam ser suplantadas por um lance de dados. Outras dificuldades se insinuam. Se estes homens haviam passado da jurisdição do nosso direito àquela do "direito natural", em que momento isso aconteceu? Foi quando a entrada da caverna foi bloqueada, ou quando a ameaça da fome alcançou certo grau de intensidade mal definido, ou quando o acordo do lance de dados foi firmado? Essas incertezas na doutrina proposta por meu colega encerram dificuldades reais. Suponha-se, por exemplo, que um destes homens houvesse completado 21 anos enquanto se encontrava aprisionado dentro da montanha. Naquela data, teríamos de considerá-lo maior de idade — havendo ele alcançado a idade de 21, porém estando, hipoteticamente, removido da esfera de efeito da nossa lei —, ou somente quando foi libertado da caverna e se fez novamente sujeito àquilo a que meu irmão chama nosso "direito positivo"? Tais dificuldades podem parecer fantasiosas, mas são úteis para revelar a natureza fantasiosa da doutrina capaz de gerá-las.

Porém não é necessário explorar essas sutilezas mais a fundo para demonstrar o absurdo da posição de meu confrade. Dr. Foster e eu somos juízes encarregados de uma Corte da Commonwealth de Newgarth, jurados e empossados para administrar as leis dessa Commonwealth. Por qual autoridade nos arrogamos o *status* de uma Corte Natural? Se estes homens estavam, de fato, sob a jurisdição do direito natural, de onde nos provém a autoridade de elaborar e aplicar essa lei? Certamente *nós* não estamos num estado natural.

Consideremos o conteúdo deste código natural que meu irmão propõe que adotemos como nosso para aplicação neste caso. Que código mais invertido e odioso! É um código em que a lei dos contratos é mais fundamental do que a lei do homicídio. É um código sob o qual um homem pode firmar um acordo válido segundo o qual seus companheiros podem comer seu próprio corpo. Sob as provisões desse código, ademais, uma vez firmado, tal acordo torna-se irrevogável e, se uma das partes tentar renegá-lo, as outras estão autorizadas a fazer justiça com as próprias mãos, cumprindo o contrato com violência — pois, embora meu confrade passe convenientemente ao largo dos efeitos da abstenção de Whetmore, esta é a implicação necessária de seu argumento.

Os princípios que meu confrade esclarece contêm outras implicações intoleráveis. Ele argumenta que, quando os réus atacaram Whetmore e o mataram (não sabemos ao certo como; talvez a pedradas), estavam apenas exercitando os direitos a eles conferidos pelo acordo. Suponhamos, porém, que Whetmore tivesse um revólver oculto em sua pessoa, e que, quando visse que os réus tinham a intenção de matá-lo, os tivesse matado a tiros para salvar a própria vida. O raciocínio de meu confrade aplicado a esses fatos faria de Whetmore um assassino, visto que a excludente de legítima defesa lhe deveria ser então negada. Se os seus agressores estavam agindo dentro dos limites do seu direito ao buscarem causar a sua morte, então ele só poderia alegar legítima defesa na mesma capacidade de um prisioneiro condenado que abatesse o algoz que posiciona legalmente a corda em torno do seu pescoço.

Todas essas considerações me impossibilitam de aceitar a primeira parte do argumento de meu confrade. Não posso aceitar nem a sua noção de que estes homens estivessem sob um código natural que esta Corte tinha o dever de aplicar à sua situação, nem as regras odiosas e pervertidas que dele se deduziriam. Chego agora à segunda parte do voto de meu colega, na qual ele procura demonstrar que os réus não violaram as provisões de N.C.S.A. (N.S.) §12-A. Aqui o caminho, longe de ser claro, torna-se para mim nebuloso e ambíguo, ainda que meu confrade se mostre inconsciente das dificuldades inerentes às suas demonstrações.

O núcleo do argumento de meu colega pode se expressar nos seguintes termos: nenhum estatuto, malgrado a sua linguagem, deveria ser aplicado de um modo que contradiga a sua intenção. Uma das intenções de qualquer estatuto penal é a dissuasória. A aplicação do estatuto que criminaliza o assassinato aos fatos peculiares deste caso contradiria essa intenção, pois é impossível acreditar que o conteúdo do código penal poderia fazer-se valer de modo dissuasório entre homens enfrentando a escolha entre a vida e a morte. O raciocínio por que esta excludente é deduzida do estatuto é, observa meu confrade, o mesmo que se aplica para justificar a excludente de legítima defesa.

A uma primeira vista, essa demonstração parece muito convincente, de fato. A interpretação da excludente de legítima defesa oferecida por meu colega fundamenta-se numa sentença desta Corte, *Commonwealth v. Parry*, um precedente que encontrei por acaso enquanto conduzia minhas pesquisas para este caso. Embora *Commonwealth v. Parry* pareça haver sido geralmente ignorado nos textos e nas sentenças subsequentes, o precedente sustenta, sem nenhuma ambiguidade, a interpretação que meu confrade dá à excludente de legítima defesa.

Agora, porém, delineemos brevemente as perplexidades que me acossam ao examinar mais de perto a demonstração de meu colega. É verdade que um estatuto deve ser aplicado à luz da sua intenção, e que *uma* das intenções de uma legislação penal é reconhecidamente a dissuasória. A dificuldade é que também se podem atribuir outras intenções às leis penais. Já se disse que um de seus objetivos é o de prover um alívio bem ordenado à exigência humana instintiva de retribuição: *Commonwealth v. Scape*. Já se afirmou, outrossim, que o seu objetivo seria a reabilitação do transgressor: *Commonwealth v. Makeover*. Outras teorias também já foram propostas. Presumindo que devamos interpretar um estatuto à luz da sua intenção, o que se fará quando ele tiver muitas intenções, ou quando suas intenções forem questionadas?

Uma dificuldade semelhante se oferece pelo fato de que, apesar de haver autoridade na interpretação de meu confrade da excludente de legítima defesa, há outras autoridades que atribuem uma justificativa diferente a essa mesma licença. Com efeito, até me deparar com *Commonwealth v. Parry*, eu nunca tinha ouvido a explicação oferecida por meu colega. A doutrina ensinada por nossas escolas de Direito e memorizada por gerações de estudantes de Direito expressa-se nos seguintes termos: o estatuto relativo ao assassinato requer um ato "intencional". Um indivíduo que aja para repelir uma ameaça à própria vida não age "intencionalmente", mas em resposta a um impulso profundamente arraigado na natureza humana. Suspeito que não haja um advogado sequer nesta Commonwealth que não esteja familiarizado com essa linha de raciocínio, especialmente por se tratar de um dos pontos favoritos dos examinadores da Ordem.

Ora, o esclarecimento familiar da excludente de legítima defesa há pouco elaborado não se aplica por analogia aos fatos deste caso. Estes homens agiram não apenas "intencionalmente", mas após longa deliberação e horas de discussão sobre o que deviam fazer. Novamente, coloca-se diante de nós uma bifurcação, com uma linha de raciocínio que nos leva numa direção, e outra que nos leva na direção diametralmente oposta. Esta perplexidade multiplica-se, por assim dizer, neste caso, pois temos de opor um esclarecimento, incorporado por um precedente virtualmente desconhecido desta Corte, a outro esclarecimento, que compõe a tradição jurídica ensinada em nossas escolas de Direito, mas que, até onde sei, jamais foi adotado por nenhuma sentença judicial.

Reconheço a relevância dos precedentes citados por meu colega a respeito do "não" deslocado e do réu que ultrapassou o tempo permitido de estacionamento. Mas o que pensar de um dos marcos da nossa jurisprudência, do qual novamente meu confrade passa ao largo? Refiro-me a *Commonwealth v. Valjean*. Embora o caso seja relatado de forma um tanto obscura, parece que o réu fora indiciado pelo furto de um pedaço de pão e apresentou como defesa o fato de que estava numa condição que se aproximava da inanição. A Corte recusou-se a aceitar essa defesa. Se a fome não justifica o roubo de um alimento saudável e natural, como justificará o abate e consumo de um homem? Novamente, se considerarmos a questão do ponto de vista da dissuasão, será provável que um homem se condene a morrer de fome para evitar uma sentença de prisão pelo roubo de um pedaço de pão? As demonstrações do meu confrade impelir-nos-iam a revogar *Commonwealth v. Valjean* e muitos outros precedentes construídos sobre esse caso.

De novo, sinto dificuldade em afirmar que não se poderia atribuir nenhum efeito dissuasório a uma sentença condenatória que declarasse estes homens culpados de assassinato. O estigma da palavra "assassino" é tal que julgo bem provável que, se estes homens soubessem ser seu ato classificado pela lei como assassinato, teriam esperado ao menos alguns dias a mais até executarem o seu plano. Nesse meio-tempo, algum alívio inesperado poderia surgir. Estou ciente de que essa observação só faz reduzir a distinção a uma questão de gradação, e não a desfaz por completo. É certamente verdadeiro que o elemento de dissuasão seria menor neste caso do que normalmente sucede na aplicação da lei penal.

Há ainda outra dificuldade na proposta de meu confrade Foster de deduzir uma excludente do estatuto a favor deste caso, embora novamente a dificuldade não seja sequer mencionada em seu voto. Qual será o escopo de tal excludente? Aqui, os homens lançam as sortes e a vítima havia sido originalmente uma das partes do acordo. O que teríamos de sentenciar se Whetmore houvesse recusado a participação no plano desde o princípio? Uma maioria teria o poder de revogá-lo? Ou então, suponha-se que nenhum plano tivesse sido adotado e que os outros simplesmente houvessem conspirado para causar a morte de Whetmore, justificando o seu ato com o argumento de que ele se encontrava no estado de saúde mais debilitado; ou ainda, que se houvesse seguido algum outro plano de seleção, baseado numa justificativa diferente daquela aqui adotada: e.g., se os outros fossem ateus e insistissem que Whetmore devesse morrer por ser o único a acreditar numa vida após a morte. Poder-se-iam multiplicar essas ilustrações, mas já as aduzimos em número suficiente para revelar as dimensões do lamaçal de dificuldades ocultas que o raciocínio de meu confrade encerra.

É claro que consigo perceber, após alguma reflexão, que posso estar me preocupando com um problema que nunca se apresentará, uma vez ser improvável que qualquer outro grupo de homens seja levado a cometer o ato medonho que aqui foi realizado. Entretanto, após uma reflexão mais profunda, ainda que estejamos certos de que nenhum caso semelhante ocorrerá novamente, por acaso as ilustrações que ofereci não mostram a falta de qualquer princípio coerente ou racional da regra que meu colega propõe? A solidez de um princípio não deveria ser testada pelas conclusões que dele se deduzem, sem que se faça referência a acidentes posteriores encontrados no histórico de litígios? Se é assim, então por que nós, desta Corte, tão frequentemente discutimos a questão de haver alguma probabilidade, alguma oportunidade no futuro de aplicar um princípio requerido para a solução do caso que se nos apresenta imediatamente? Seria esse o tipo de situação em que uma linha de raciocínio originalmente imprópria é sancionada por um precedente, de modo que se faz permissível aplicá-la e, quiçá, até obrigatório?

Quanto mais examino e reflito sobre este caso, mais profundamente me sinto envolvido por ele. Minha mente se vê enredada na trama das mesmas redes que lanço para meu resgate. Constato que quase toda a consideração sobre a decisão do caso é contrabalançada por uma consideração oposta, que nos leva na direção contrária. Meu irmão Foster não me proveu, nem consigo eu mesmo descobrir, alguma fórmula capaz de resolver os equívocos que me acossam por todos os lados.

Dediquei a este caso a mais devota atenção de que sou capaz. Mal pude dormir desde que foi discutido em nossa presença. Quando me sinto inclinado a aceitar a opinião de meu confrade Foster, logo sou repelido por um sentimento de que seus argumentos são intelectualmente infundados e se assemelham a meras racionalizações. Escandaliza-me o absurdo de mandar que estes homens sejam executados depois de terem sido salvos à custa das vidas de dez trabalhadores heroicos. Parece-me lamentável que o promotor tenha achado apropriado indiciá-los por assassinato. Se houvesse uma provisão em nossos estatutos que tipificasse como crime o consumo de carne humana, essa teria sido uma acusação mais adequada. Se nenhuma outra acusação adequada aos fatos deste caso pudesse ser levantada contra os réus, teria sido mais sábio, em minha opinião, simplesmente não os indiciar. Infelizmente, porém, eles foram indiciados e julgados, e, portanto, fomos colocados nesta infeliz posição.

Já que fui completamente incapaz de resolver as dúvidas que me assaltam sobre a lei relativa a este caso, anuncio com pesar uma medida que, creio eu, não tem precedentes na história deste tribunal. Declaro minha abstenção da sentença deste caso.

# Voto do Juiz Keen

Gostaria de iniciar pondo de lado duas questões que não estão perante esta Corte para apreciação.

A primeira delas é se o perdão do Executivo deve ser concedido a estes réus caso a condenação se confirme. Sob o nosso sistema de governo, essa é uma questão para o Chefe do Executivo, e não para nós. Desaprovo, portanto, aquela passagem no voto do Presidente do Tribunal em que ele efetivamente dá instruções ao Chefe do Executivo sobre o que este deve fazer neste caso e sugere que algum tipo de improbidade será cometido se tais instruções não forem seguidas. Isso constitui uma confusão de funções governamentais — confusão de que o Judiciário, em especial, não deveria ser culpado de forma alguma. Desejo afirmar que, se eu fosse o Chefe do Executivo, iria ainda mais longe na direção da clemência do que os apelos a ele dirigidos propõem. Eu perdoaria estes homens completamente, pois acredito já haverem sofrido o suficiente para pagar por qualquer transgressão que possam ter cometido. Quero que se entenda que faço esta minha observação na capacidade de cidadão comum, que, em virtude do seu cargo, veio de modo inesperado a adquirir profunda familiaridade com este caso. No cumprimento de meus deveres de juiz, não faz parte de minhas funções emitir instruções para o Chefe do Executivo, nem levar em consideração o que ele possa vir a fazer ao formular minha própria sentença, a qual se deve pautar inteiramente pela lei desta Commonwealth.

A segunda questão que desejo pôr de lado diz respeito a determinar se o que estes homens fizeram foi "certo" ou "errado", "mau" ou "bom". Essa é outra questão irrelevante ao cumprimento do meu cargo de juiz, obrigado por juramento a aplicar não as minhas concepções de moralidade, mas a lei vigente. Ao pôr esta questão de lado, penso que possa também desconsiderar com segurança e sem comentário a primeira e mais poética porção do voto de meu confrade Foster. O elemento fantástico contido nos argumentos ali esboçados já foi suficientemente evidenciado pela tentativa um tanto solene de meu confrade Tatting de levar tais argumentos a sério.

A única questão sobre o que devemos deliberar é se estes réus, no estrito sentido do que estabelece N.C.S.A. (N.S.) §12-A, de fato tiraram a vida de Roger Whetmore intencionalmente. A exata linguagem do estatuto é como se segue: "Quem quer que tire a vida a outrem intencionalmente será punido com a morte." Ora, devo supor que qualquer observador cândido, contente em extrair destas palavras o seu significado natural, admitiria de pronto que estes réus, de fato, "tiraram a vida intencionalmente" a Roger Whetmore.

Donde advêm, então, todas as dificuldades do caso, bem como a necessidade de tantas páginas de discussão sobre o que deveria ser tão óbvio? Essas dificuldades — assumam elas as formas tortuosas que assumirem — provêm todas de uma única fonte, que é a falha em distinguir entre os aspectos legais e morais deste caso. Posto de maneira mais franca, meus confrades não gostam do fato de que a lei escrita requer a condenação destes réus. Tampouco a mim me apraz tal resultado, mas, diferentemente dos meus colegas, eu respeito os deveres de um cargo que exige o abandono de minhas predileções pessoais quando me ponho a interpretar e aplicar a lei desta Commonwealth.

Ora, é claro que meu confrade Foster não admite ser impulsionado por uma aversão pessoal à lei escrita. Em vez disso, ele desenvolve uma linha de argumentação bastante familiar, segundo a qual a Corte pode desconsiderar a linguagem patente de um estatuto quando algo não contido no estatuto, chamado "sua intenção", pode ser usado como justificativa de um resultado que a Corte considera apropriado. Sendo essa uma antiga contenda entre mim e meu colega, eu gostaria, antes de discutir a sua aplicação particular do argumento aos fatos do caso, de dizer algo sobre o histórico dessa contenda e suas implicações para a lei e para o governo em geral.

Houve um tempo nesta Commonwealth em que os juízes realmente legislavam com poucas restrições, e todos sabemos que, durante esse período, alguns de nossos estatutos foram quase que completamente redigidos pelo Judiciário. Foi um tempo em que os princípios de ciência política amplamente aceitos não designavam com precisão a função dos diferentes poderes do Estado. Todos conhecemos as consequências trágicas de dita incerteza pela breve guerra civil que se originou dos conflitos entre o Judiciário, de um lado, e o Executivo e o Legislativo, do outro. Não há necessidade de recontarmos aqui os fatores que contribuíram para aquela indecorosa disputa pelo poder, embora incluíssem a falta de representatividade da Câmara, que resultara de uma divisão do país em distritos eleitorais que já não correspondiam à distribuição populacional real, aliada à personalidade impositiva e ampla popularidade do então Presidente do Tribunal. É suficiente observar que esses dias ficaram para trás, e que, em lugar da incerteza que então reinava, agora temos um princípio claro, que é o da supremacia do Poder Legislativo sobre o nosso governo. Desse princípio, advém a obrigação do Judiciário de aplicar fielmente a lei escrita, e de interpretar essa lei de acordo com o seu significado imediato e sem referências a desejos pessoais ou concepções particulares de justiça. Se o princípio que proíbe a revisão judicial dos estatutos é correto ou errado, desejável ou indesejável, é uma questão da qual não me ocupo; simplesmente observo que esse princípio se tornou uma premissa tácita subjacente a todo o ordenamento legal e governamental que tenho por obrigação administrar.

No entanto, embora o princípio da supremacia do Legislativo tenha sido aceito em teoria há séculos, tamanha é a tenacidade da tradição profissional e a força dos hábitos consumados de pensamento, que muitos do Judiciário ainda não se acomodaram à função restrita que o novo ordenamento lhes impõe. Meu confrade Foster faz parte desse grupo; seu modo de lidar com os estatutos é precisamente aquele de um juiz vivendo nos anos 3900.

Todos conhecemos bem o processo por que a reforma judicial de atos legislativos caídos em desuso é realizada. Todos os que acompanharem os votos escritos pelo juiz Foster terão uma oportunidade de ver essa prática aplicada em todos os ramos do Direito. Eu, particularmente, estou tão familiarizado com o processo que, na eventualidade de uma ausência de meu confrade, tenho certeza de que poderia escrever um voto satisfatório para ele sem nenhuma outra instrução da sua parte, além de saber se lhe aprouve ou não o efeito dos termos do estatuto aplicados ao caso sob sua apreciação.

O processo de reforma judicial requer três passos. O primeiro consiste em adivinhar alguma "intenção" singular a que o estatuto sirva. Isso é feito a despeito do fato de que nem um único estatuto em cem tem uma única intenção somente, e que os objetivos de quase todo o estatuto são interpretados diferentemente pelas diferentes classes dos seus propositores. O segundo passo consiste em descobrir que aquele ser mítico chamado "o legislador", ao ter em vista tal imaginada "intenção", negligenciou algo ou deixou alguma lacuna ou imperfeição em seu trabalho. Daí vem a parte final e mais interessante da tarefa, isto é, preencher a lacuna assim criada. *Quod erat faciendum* [o que devia ser feito].

A inclinação de meu colega Foster a encontrar buracos em estatutos traz à mente a história contada por um autor antigo sobre o homem que comeu um par de sapatos. Ao lhe perguntarem se havia gostado, respondeu ele que a parte de que mais gostara eram os buracos. É assim que meu irmão percebe os estatutos; quanto mais buracos tiverem, mais gostará deles. Em suma, ele não gosta de estatutos.

Não se poderia desejar um caso mais adequado para ilustrar a natureza especiosa desse processo de preenchimento de lacunas do que aquele que se nos apresenta. Meu confrade acredita saber exatamente o que se buscava quando os homens definiram o assassinato como crime, e que se tratava de algo chamado "dissuasão". Meu colega Tatting já demonstrou o quanto se ignora de propósito com essa interpretação. Mas acredito que o problema vá mais fundo. Duvido muito que o nosso estatuto que criminaliza o assassinato realmente tenha uma "intenção" em qualquer sentido corriqueiro do termo. Primariamente, tal estatuto reflete uma convicção humana profundamente arraigada de que é errado matar alguém, e que algo deve ser feito com aquele que comete tal ato. Se fosse necessário articular mais a fundo a questão, provavelmente nos refugiaríamos nas teorias mais sofisticadas dos criminólogos, as quais certamente não estavam sendo levadas em conta por aqueles que compuseram o nosso estatuto. Também poderíamos observar que os homens trabalham mais efetivamente e vivem vidas mais felizes quando se sentem protegidos da ameaça de ataques violentos. Mantendo-se em mente que as vítimas de assassinatos muitas vezes são pessoas ingratas, poderíamos adicionar a sugestão de que a tarefa de dispor dos elementos indesejáveis da sociedade não é uma função adequada à iniciativa privada, mas deve ser monopólio do Estado. Isso me traz à memória um advogado que certa vez argumentava perante nós que um estatuto que licenciasse médicos seria positivo, porque levaria a uma diminuição das taxas de seguro de vida em razão da melhora do nível da saúde pública. Explicar excessivamente o óbvio é sempre um risco.

Se não conhecemos a intenção do §12-A, como poderemos dizer que há nele uma "lacuna"? Como podemos saber o que os seus redatores pensavam sobre a questão de matar seres humanos para comê-los? Meu colega Tatting revelou uma compreensível, ainda que talvez um pouco exagerada, repulsa ao canibalismo. Como podemos saber se os seus ancestrais remotos não sentiam a mesma repulsa num grau ainda mais elevado? Antropólogos afirmam que o pavor que se sente por um ato proibido pode aumentar à medida que as condições de vida de uma tribo oferecem tentações especiais à sua consecução, como vemos na condenação mais severa do incesto justamente entre pessoas cujas relações circunscritas e provincianas tornam a sua ocorrência mais provável. Certamente, o período que se seguiu à Grande Espiral trouxe consigo tentações implícitas à antropofagia. Talvez seja por essa razão que os nossos ancestrais expressaram a sua proibição de uma forma tão ampla e não qualificada. Tudo isso é conjectura, mas permanece abundantemente claro que nem eu nem meu confrade Foster sabemos qual é a "intenção" do §12-A.

Considerações semelhantes às que acabo de delinear também são aplicáveis à excludente de ilicitude de legítima defesa, que cumpre um papel tão importante no raciocínio de meus pares Foster e Tatting. É verdade que, em *Commonwealth v. Parry*, um *obiter dictum* justificava tal excludente sob a premissa de que a intenção da legislação penal é dissuasória. Também pode ser verdade que gerações de estudantes de Direito tenham aprendido que a verdadeira explicação da excludente jaz no fato de que um homem que age em legítima defesa não age "intencionalmente", e que esses mesmos estudantes tenham passado em seus exames da Ordem repetindo o que seus professores lhes tinham ensinado. Estas últimas observações eu poderia desconsiderar como irrelevantes pela simples razão de que professores e examinadores da Ordem não receberam, até a presente data, qualquer autoridade para formular nossas leis. Mas, novamente, o problema vai mais fundo. Como quando lidávamos com o estatuto, também ao lidar com a excludente, a questão não é a *intenção* conjectural da regra, mas o seu *âmbito*. Ora, o âmbito da excludente de ilicitude de legítima defesa como aplicada nesta Corte é claro: deve-se aplicar a casos de resistência a uma ameaça violenta à própria vida da parte. Logo, faz-se demasiado claro para ser refutado que este caso não cai dentro do âmbito da excludente, uma vez que é patente que Whetmore não oferecia ameaça alguma às vidas destes réus.

A indigência essencial da tentativa de meu confrade Foster mascarar a sua reformulação da lei escrita com ares de legitimidade vem tragicamente à tona no voto do colega Tatting. No seu voto, o juiz Tatting luta valorosamente para combinar o moralismo frouxo de seu colega com o próprio senso de fidelidade à lei escrita. O resultado de tal confronto só poderia ser aquele que se deu: uma desistência completa do cumprimento da função judicial. Não há modo de aplicar um estatuto da maneira como está escrito e, ao mesmo tempo, reformulá-lo para atender aos próprios desejos.

Ora, eu sei que a linha de raciocínio que desenvolvi neste voto não parecerá aceitável àqueles que consideram somente os efeitos imediatos de uma sentença e ignoram as implicações de longo prazo da assunção de um poder derrogatório por parte do Judiciário. Uma sentença dura nunca é uma sentença popular. Os juízes foram celebrados na literatura por sua habilidade matreira de bolar algum subterfúgio para privar um litigante de seus direitos quando o público se expressa contrário à sua asserção de ditos direitos. Mas acredito que a derrogação judicial cause mais danos em longo prazo do que as sentenças duras. Casos difíceis podem até conter certo valor moral por confrontarem os indivíduos com suas próprias responsabilidades perante uma lei que é, em última análise, sua própria criação, e por lembrá-los de que não há princípio de vênia pessoal que possa mitigar os erros dos seus representantes.

Com efeito, irei um pouco mais longe e direi que não apenas os princípios que venho esclarecendo são os mais apropriados a nossa presente condição, mas também que teríamos herdado um sistema legal melhor de nossos antepassados se tais princípios tivessem sido observados desde o início. Por exemplo, no tocante à excludente de legítima defesa, se nossas cortes tivessem aderido firmemente à linguagem do estatuto, daí teria decorrido, indubitavelmente, uma revisão legislativa do ponto. Uma revisão desse tipo teria contado com a assistência de filósofos naturais e psicólogos, e a disposição resultante apresentaria uma base compreensível e racional, em vez do labirinto de verbalismos e distinções metafísicas que emergiu do tratamento judicial e acadêmico.

Estas observações finais claramente ultrapassam os deveres de minha alçada com relação a este caso, mas as incluo aqui porque sinto francamente que meus colegas não estejam cientes o bastante dos perigos implícitos nas concepções de ofício judiciário advogadas por meu confrade Foster.

Concluo que a condenação deva ser mantida.

## Voto do Juiz Handy

Tenho assistido surpreso às elucubrações tortuosas que este caso simples motivou. Não cesso de me admirar com a habilidade de meus colegas de lançar uma opaca cortina de legalismos sobre cada questão que se lhes apresenta para apreciação. Ouvimos esta tarde especulações eruditas sobre a distinção entre direito positivo e direito natural, entre a linguagem de um estatuto e a sua intenção, entre funções judiciárias e funções executivas, entre o legislar judiciário e o propriamente legislativo. Meu único desapontamento foi que ninguém tenha levantado a questão da natureza legal do acordo firmado na caverna — se foi unilateral ou bilateral, e se se poderia considerar que Whetmore haja revogado uma oferta feita anteriormente ao ato perpetrado sob os seus auspícios.

O que todas essas coisas têm a ver com o caso? O problema que se nos coloca é o de definir o que nós, como oficiais do governo, devemos fazer com estes réus. Trata-se de uma questão de senso comum, a ser exercitado num contexto não de teoria abstrata, mas de realidades humanas. Quando o caso é abordado sob essa luz, torna-se, em minha opinião, dos mais fáceis de sentenciar que já se apresentaram a esta Corte.

Antes de relatar minhas próprias conclusões sobre os méritos do caso, eu gostaria de discutir brevemente alguns dos pontos mais fundamentais envolvidos — pontos sobre os quais meus colegas e eu temos estado em desacordo desde que assumi meu posto.

Jamais tive sucesso em fazer ver a meus confrades que o governo é uma ocupação humana, e que os homens são governados não por palavras num papel ou por teorias abstratas, mas por outros homens. São bem governados quando os seus governantes compreendem os sentimentos e as concepções das massas. São mal governados quando falta essa compreensão.

De todos os poderes do governo, o Judiciário é o mais propenso a perder o contato com o homem comum. As razões para isso são bastante óbvias. Quando a massa reage a uma situação segundo algumas de suas características mais salientes, nós esmiuçamos os pormenores de cada situação que se coloca diante de nós. Advogados são contratados por ambas as partes para analisar e dissecar. Juízes e causídicos competem uns com os outros para determinar quem consegue descobrir o maior número de dificuldades e distinções num único conjunto de fatos. Cada um dos lados se esforça por encontrar casos, reais ou imaginários, que causem embaraço às demonstrações do outro lado. Para escaparem a tais embaraços, ainda mais distinções são inventadas e atribuídas à situação. Depois que um conjunto de fatos foi sujeito a esse tipo de tratamento por tempo suficiente, toda a sua vida e vigor se esvaem, e resta-nos somente um punhado de pó.

Ora, sei perfeitamente que, onde quer que haja regras e princípios abstratos, haverá advogados capazes de formular distinções. Até certo ponto, o tipo de coisa que venho descrevendo constitui um mal necessário, que se deriva de qualquer regulamentação formal das ocupações humanas. Mas penso que o campo que realmente tem necessidade de tal regulamentação seja amplamente superestimado. Existem, é claro, algumas regras fundamentais do jogo que precisam ser aceitas, se se pretende mesmo jogar o jogo. Eu incluiria entre essas as regras relativas à realização de eleições, à nomeação de oficiais públicos e à duração da posse de cada cargo. Concedo que, neste ponto, alguma moderação da discrição e da derrogação, alguma aderência à forma, algum escrúpulo concernente ao que é contemplado ou não por cada regra são essenciais. Talvez o campo dos princípios básicos devesse ser expandido para incluir também certas regras, tais como aquelas desenvolvidas para preservar o sistema de livre *civilmoign*.[1]

Fora de tais campos, porém, acredito que todos os oficiais do governo, incluindo os juízes, trabalharão melhor se tratarem as formas e os conceitos abstratos como instrumentos. Devemos assumir como nosso modelo, em minha opinião, o bom administrador, que acomoda os procedimentos e princípios ao caso em questão, selecionando entre as formas disponíveis aquelas que melhor se ajustam à consecução do resultado apropriado.

A vantagem mais óbvia desse método de governo é que ele nos permite abordar nossas tarefas quotidianas com eficiência e bom senso. Minha aderência a essa filosofia, porém, tem raízes mais profundas. Creio que somente com a percepção que essa filosofia nos confere podemos preservar a

---

1 "Neologismo criado pelo autor, cujo sentido é objeto de controvérsia." [N. R.]

flexibilidade essencial à manutenção de um procedimento condizente com os sentimentos daqueles que estão sujeitos ao nosso governo. Muitos governos encontraram a sua ruína, e muita miséria humana foi causada, pela falta dessa harmonia entre governante e governado do que por qualquer outro fator que se possa discernir na história. Apenas se crie uma divisão suficientemente pronunciada entre a massa da população e aqueles que dirigem sua vida legal, política e econômica, e a nossa sociedade estará arruinada. Então, nem o direito natural de Foster, nem a fidelidade de Keen à lei escrita nos serão de qualquer utilidade.

Ora, quando estas concepções são aplicadas ao caso que se nos coloca, a sentença faz-se, como eu já disse, perfeitamente fácil. Para demonstrá-lo, terei de apresentar certas realidades de que meus pares, em seu recatado decoro, acharam por bem passar ao largo, apesar de estarem tão cientes delas quanto eu.

A primeira delas é que este caso chamou a atenção pública enormemente, tanto aqui quanto no exterior. Quase todo jornal ou revista veiculou artigos sobre ele; houve colunistas que revelaram aos seus leitores informações confidenciais sobre qual seria o próximo passo do governo; centenas de cartas ao editor foram impressas. Uma das maiores agências jornalísticas conduziu uma enquete a respeito da opinião pública sobre a questão: "O que você acha que a Suprema Corte deve fazer com os exploradores de cavernas?" Cerca de noventa por cento dos consultados expressaram a crença de que os réus deveriam ser perdoados ou sentenciados a um tipo de pena simbólica. É perfeitamente claro, portanto, qual o sentimento público sobre o caso. Poderíamos ter chegado a essa conclusão sem a pesquisa, partindo do bom senso, ou mesmo da observação de que nesta Corte há aparentemente quatro homens e meio, ou noventa por cento, que partilham da opinião comum.

Isso torna óbvio não somente o que deveríamos fazer, mas o que somos obrigados a fazer se quisermos preservar entre nós e o público uma harmonia razoável e decente. Declarar a inocência desses homens não necessariamente nos envolve em algum truque ou subterfúgio indigno. Não se requer nenhum princípio de composição estatutária que não seja coerente com as práticas pregressas desta Corte. Certamente, nenhum leigo pensaria que, ao livrarmos estes homens, distorcemos o estatuto mais do que os nossos ancestrais o fizeram quando criaram a excludente de legítima defesa. Se for necessária uma demonstração mais detalhada do método de reconciliação de nossa decisão com o estatuto, já me darei por satisfeito fundamentando-me nos argumentos desenvolvidos na segunda, e menos visionária, parte do voto de meu confrade Foster.

Ora, eu sei que meus pares ficarão horrorizados com a minha sugestão de que esta Corte deva levar em consideração a opinião popular. Dirão que a opinião pública é emocional e caprichosa, que se baseia em meias-verdades e ouve testemunhos que não se submetem a interrogatório. Dirão que a lei abarca o julgamento de um caso como este com elaboradas salvaguardas designadas a assegurar que a verdade se dará a conhecer e que se levará em conta toda a consideração racional relevante às complicações do caso. Dirão também que todas essas salvaguardas caem por terra se se permite que uma opinião popular, formada fora deste quadro, influencie a nossa decisão.

Mas olhemos com sinceridade para algumas das realidades da administração da lei penal. Quando um homem é acusado de um crime, existem quatro maneiras, falando em termos gerais, de escapar à pena. Uma delas é a determinação, da parte de um juiz, de que, de acordo com a lei aplicável ao seu caso, o réu não cometeu crime algum. Esta é uma determinação que ocorre numa atmosfera bastante formal e abstrata. Considerem-se, porém, as outras três maneiras em que ele pode escapar à pena. Estas são: (1) a decisão do promotor de não o indiciar; (2) a absolvição pelo júri; (3) o perdão ou comutação da sentença por parte do Executivo. Alguém poderá fazer de conta que essas três decisões são contidas por um rígido quadro formal de regras que impeça erros factuais, exclua fatores emocionais e pessoais e garanta que todas as formas da lei serão observadas?

No caso do júri, nós certamente tentamos limitar as suas deliberações ao campo do legalmente relevante, mas não nos devemos enganar acreditando que tal tentativa seja, de fato, bem-sucedida. No curso natural dos eventos, o presente caso teria sido passado, com todos os seus pontos, diretamente ao júri. Se assim houvesse sido, podemos afirmar com confiança que teria havido uma absolvição ou, pelo menos, uma divisão que impediria a condenação. Se o júri tivesse sido instruído de que a fome e o acordo firmado entre os homens não constituíam defesa da acusação de assassinato, o seu veredicto muito provavelmente teria ignorado tal instrução e envolvido uma dose bem maior de distorção da letra da lei do que qualquer outra que nos pudesse tentar. É claro que a única razão por que isso não ocorreu neste caso foi a circunstância fortuita de ser o porta-voz do júri um advogado. Os seus conhecimentos habilitaram-no a desenvolver uma argumentação que permitisse ao júri se esquivar de suas responsabilidades ordinárias.

Meu confrade Tatting chega a expressar irritação por não haver o promotor decidido, para todos os efeitos, o caso por ele, simplesmente abstendo-se de indiciar os réus. Por rigoroso que seja no obedecer às exigências da teoria legal, ele parece contentar-se em deixar que o destino destes homens seja decidido fora do tribunal pelo promotor, com base no simples senso comum. O Presidente do Tribunal, por outro lado, deseja a aplicação de um senso comum adiado até o fim, ainda que, como

Tatting, não queira de jeito nenhum tomar parte na manobra pessoalmente.

Isso me traz à conclusão de minhas observações, que tem a ver com o perdão do Executivo. Antes de discutir esse tópico diretamente, gostaria de fazer uma observação pertinente sobre a pesquisa de opinião pública. Como já disse, noventa por cento dos consultados queriam que a Suprema Corte inocentasse estes homens por completo ou lhes impusesse uma pena mais ou menos nominal. Os outros dez por cento constituíam-se em um grupo estranhamente sortido, que expressava as opiniões mais curiosas e divergentes. Um dos nossos especialistas acadêmicos conduziu um estudo deste grupo e descobriu que os seus membros se encaixam em determinados padrões. Uma parte substancial deles é composta de assinantes de jornais "excêntricos" de circulação limitada, que fornecem aos seus leitores uma versão distorcida dos fatos do caso. Alguns pensavam que os exploradores de cavernas eram canibais e que a antropofagia fosse parte dos princípios da Sociedade. Mas o ponto a que quero chegar é este: embora quase toda a variedade ou nuance de opinião concebível haja tido alguma representação neste grupo, não houve ninguém, até onde eu saiba, e nem um só membro da maioria representada pelos noventa por cento, que tenha dito: "Acho que seria uma boa ideia as cortes condenarem estes homens à forca, e depois outro ramo do governo aparecer para perdoá-los." No entanto, essa é uma solução que tem dominado, até certo ponto, as nossas discussões, havendo sido proposta pelo Presidente deste Tribunal como um modo de evitarmos perpetrar uma injustiça e, ao mesmo tempo, preservar o respeito pela lei. Esteja ele seguro de que, se está preservando o moral de alguém, trata-se somente do seu próprio, e não da percepção pública, que nada entende de suas distinções. Menciono essa questão porque desejo alertar, mais uma vez, para o perigo de nos perdermos nos padrões do nosso próprio pensamento e esquecermos que tais padrões normalmente não têm importância alguma para o mundo externo.

Passo agora ao fato mais crucial deste caso, um fato conhecido de todos nós desta Corte, ainda que meus pares tenham achado por bem mantê-lo encoberto sob as dobras de suas togas. Trata-se da assustadora probabilidade de que, se a questão for deixada à sua discrição, o Chefe do Executivo recuse o perdão ou uma comutação de sentença a estes homens. Como sabemos, o nosso Chefe do Executivo é um homem de idade já avançada e de noções rígidas. O clamor público normalmente opera sobre ele de forma inversa. Como já disse a meus pares, a sobrinha de minha esposa é, por acaso, amiga íntima de sua secretária. Fiquei sabendo por essa via indireta, porém bastante confiável em minha opinião, que ele está firmemente resolvido a não comutar a sentença, se for determinado que estes homens violaram a lei.

Ninguém lamenta mais do que eu a necessidade de se confiar, numa questão de tamanha importância, em informações que poderiam ser caracterizadas como fofoca. Se dependesse de mim, tal não aconteceria, pois eu adotaria o procedimento racional de me sentar com o Executivo e analisar o caso com ele, procurando compreender quais são as suas opiniões e, talvez, planejando em parceria com ele um método para lidarmos com a situação. Mas é claro que meus pares jamais o permitiriam.

Seu escrúpulo em adquirir informações precisas diretamente não os impede de se sentirem perturbados com o que descobriram indiretamente. A familiaridade deles com os fatos que acabo de relatar explica por que o Presidente deste Tribunal, normalmente um modelo de decoro, achou uma boa ideia lançar, em seu voto, as abas de sua toga judicial na cara do Executivo e ameaçá-lo de excomunhão caso ele se recuse a comutar a sentença. Explica também, creio eu, o truque de levitação de meu confrade Foster, pelo qual uma biblioteca inteira de códigos legais foi retirada dos ombros destes réus. Explica, outrossim, por que até meu confrade Keen, legalista como é, emulou o PoohBah da antiga comédia, dirigindo-se à beirada do palco para endereçar algumas observações ao Executivo "em minha capacidade como cidadão comum". (Poder-se-ia observar, a propósito, que o conselho do Cidadão Comum Keen figurará nas atas desta Corte, impressas às custas do contribuinte.)

Devo confessar que, à medida que envelheço, aumenta a minha perplexidade com a recusa dos seres humanos a aplicar o bom senso a questões jurídicas e governamentais, e este caso verdadeiramente trágico só aguçou o meu senso de desânimo e desalento. Eu gostaria apenas de conseguir convencer os meus pares da sabedoria dos princípios que venho aplicando ao cumprimento dos deveres do cargo de juiz desde que o assumi. Com efeito, como que por um triste fechamento de ciclo, deparei-me com questões semelhantes às que aqui se apresentam no primeiro caso que julguei como juiz de primeira instância no Tribunal do Condado de Fanleigh.

Uma seita religiosa havia laicizado um sacerdote que, diziam eles, adotara as crenças e práticas de uma seita rival. O sacerdote começou, então, a circular um panfleto contendo acusações contra as autoridades que o haviam expulsado. Certos membros laicos da igreja convocaram uma reunião aberta na qual explicariam o posicionamento da igreja. O sacerdote compareceu a essa reunião. Alguns disseram que ele entrou escondido e disfarçado; o seu próprio testemunho, porém, era de que ele entrara abertamente em meio ao público. Seja como for, quando começaram os discursos, ele os interrompeu com certas perguntas sobre os negócios da igreja e fez algumas declarações em defesa de suas opiniões. Em seguida, ele foi atacado por membros do auditório e levou uma grande surra, saindo de lá com o maxilar fraturado, entre outros ferimentos. Decidiu, então, processar a associação que organizara o evento e dez indivíduos que ele alegava serem os seus agressores.

Quando o julgamento se iniciou, o caso pareceu-me, a princípio, muito complicado. Os advogados levantaram uma infinidade de questões legais. Houve questionamentos interessantes sobre a admissibilidade das evidências e, em relação ao processo movido contra a associação, certos problemas de difícil solução concernentes à questão de se o ministro era um intruso ou um convidado. Como novato na magistratura, eu estava ansioso para aplicar meus conhecimentos acadêmicos de Direito e preparar sentenças bem fundamentadas. Conforme eu estudava o caso, fui-me enredando cada vez mais nas suas complexidades jurídicas e comecei a entrar num estado semelhante àquele de meu confrade Tatting neste caso. Subitamente, porém, dei-me conta de que todas essas perplexidades não tinham nada a ver realmente com o caso, e passei a examiná-lo à luz do senso comum. O caso imediatamente ganhou uma nova perspectiva, e vi que tudo o que me restava era direcionar o veredicto a favor dos réus por falta de evidências.

Fui levado a tal conclusão pelas seguintes considerações: a altercação em que o autor do processo se ferira fora uma ocorrência confusa em extremo, com alguns indivíduos tentando lançar-se ao meio da briga, ao passo que outros procuravam afastar-se; alguns procuravam golpear o autor, enquanto outros aparentemente tentavam protegê-lo. Teríamos levado semanas para apurar a verdade dos fatos. Decidi que nenhum maxilar quebrado valia tanto dispêndio de tempo e de recursos da Commonwealth. (Incidentalmente, os ferimentos do sacerdote, naquele meio-tempo, tinham-se curado sem causar desfiguração ou prejuízo às faculdades normais.) Ademais, eu sentia fortemente que o autor causara, em grande parte, os seus próprios infortúnios. Ele soubera quão inflamados estavam os sentimentos a respeito daquela questão, e podia facilmente ter achado outro fórum para expressar as suas opiniões. Minha sentença foi amplamente aprovada pela imprensa e pela opinião pública, sendo que nem uma nem outra podiam tolerar as opiniões e práticas que o sacerdote expulso procurava defender.

Agora, trinta anos depois, graças a um promotor ambicioso e a um causídico em posição de porta-voz de um júri, estou diante de um caso que provoca questionamentos. Estes, no fundo, se parecem bastante com aqueles observados no caso que acabo de relatar. O mundo não parece mudar muito, a não ser pelo fato de que, desta vez, não se trata de uma sentença de quinhentos ou seiscentos *frelars*, mas da vida ou morte de quatro homens que já sofreram mais tormento e humilhação do que a maior parte de nós poderia suportar em mil anos. Concluo que os réus são inocentes da acusação, e que a condenação e sentença devam ser anuladas.

## Voto do Juiz Tatting

O Presidente do Tribunal questionou-me se, após ouvir os dois votos emitidos por último, desejo reexaminar a posição que expressei anteriormente. Desejo declarar que, após ouvir esses votos, sinto-me grandemente fortalecido em minha convicção de não participar do sentenciamento deste caso.

Estando a Suprema Corte igualmente dividida, a condenação e sentença da corte de primeira instância é *confirmada*. Ordena-se que a execução da sentença ocorra às 18 horas da sexta-feira, dia 2 de abril de 4300, ocasião em que o Algoz Público deverá proceder com toda a diligência necessária ao enforcamento de cada um dos réus pelo pescoço até a morte.

# Epílogo

Agora que a Corte já pronunciou a sua sentença, o leitor, confuso com a escolha da data, deve ser lembrado de que os séculos que nos separam do ano 4300 são aproximadamente em igual número àqueles que se passaram desde o Século de Péricles. Provavelmente, não é preciso observar que *O Caso dos Exploradores* não tem a intenção de se oferecer como obra satírica nem como previsão em qualquer sentido comum do termo. Quanto aos juízes que compõem a Corte do Presidente Truepenny, é claro que são tão fictícios quanto os fatos e precedentes de que tratam. O leitor que se recusar a aceitar isso, e buscar traçar paralelos com elementos da sociedade contemporânea onde não há a intenção ou contemplação de nenhuma semelhança, deve ser avisado de que se está empenhando num gracejo todo seu, o qual poderá levá-lo a negligenciar quaisquer modestas verdades contidas nos votos emitidos pela Suprema Corte de Newgarth. Este caso foi idealizado com o propósito único de pôr em foco conjuntamente certas filosofias divergentes do Direito e da Ciência Política. Tais filosofias confrontavam os homens com questões reais de escolha nos tempos de Platão e Aristóteles. Talvez elas continuem a propor essas questões quando nossa era houver terminado de tratá-las. Se existe algum elemento de previsão no presente caso, ele não vai além da sugestão de que as questões aqui envolvidas estão entre os problemas permanentes da espécie humana.

LON L. FULLER

# Conheça outros títulos da Coleção Cícero

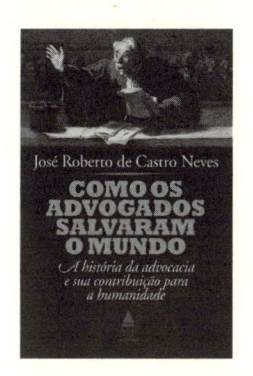

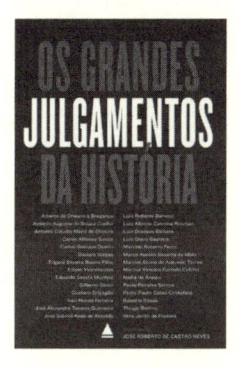

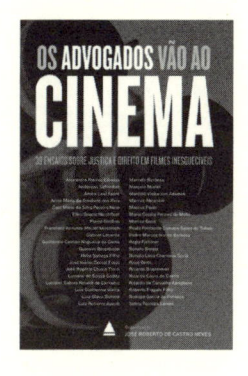

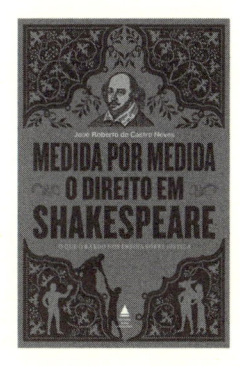

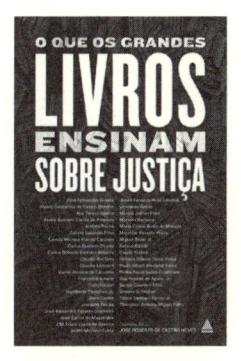

Direção editorial
*Daniele Cajueiro*

Editor responsável
*Hugo Langone*

Produção editorial
*Adriana Torres*
*Nina Soares*

Revisão de tradução
*Alvanísio Damasceno*

Revisão
*Rita Godoy*

Projeto gráfico
*Futura*

Diagramação
*Filigrana*

Este livro foi impresso em 2020
para a Nova Fronteira.